中华人民共和国个人信息保护法
网络数据安全管理条例
个人信息保护合规审计管理办法

中国法治出版社

中华人民共和国个人信息保护法
网络数据安全管理条例
个人信息保护合规审计管理办法
ZHONGHUA RENMIN GONGHEGUO GEREN XINXI BAOHUFA
WANGLUO SHUJU ANQUAN GUANLI TIAOLI
GEREN XINXI BAOHU HEGUI SHENJI GUANLI BANFA

经销/新华书店
印刷/保定市中画美凯印刷有限公司
开本/850 毫米×1168 毫米　32 开　　印张/2.25　字数/30 千
版次/2025 年 3 月第 1 版　　2025 年 3 月第 1 次印刷

中国法治出版社出版
书号 ISBN 978-7-5216-5112-6　　定价：10.00 元

北京市西城区西便门西里甲 16 号西便门办公区
邮政编码：100053　　传真：010-63141600
网址：http：//www.zgfzs.com　　编辑部电话：010-63141673
市场营销部电话：010-63141612　　印务部电话：010-63141606

（如有印装质量问题，请与本社印务部联系。）

目　　录

中华人民共和国个人信息保护法

（2021年8月20日第十三届全国人民代表大会常务委员会第三十次会议通过　2021年8月20日中华人民共和国主席令第91号公布　自2021年11月1日起施行）

目　　录

第一章　总　　则

第一条　为了保护个人信息权益，规范个人信息处理活动，促进个人信息合理利用，根据宪法，制定本法。

第二条　自然人的个人信息受法律保护，任何组织、个人不得侵害自然人的个人信息权益。

第三条　在中华人民共和国境内处理自然人个人信息的活动，适用本法。

在中华人民共和国境外处理中华人民共和国境内自然人个人信息的活动，有下列情形之一的，也适用本法：

（一）以向境内自然人提供产品或者服务为目的；

（二）分析、评估境内自然人的行为；

（三）法律、行政法规规定的其他情形。

第四条　个人信息是以电子或者其他方式记录的与已识别或者可识别的自然人有关的各种信息，不包括匿名化处理后的信息。

个人信息的处理包括个人信息的收集、存储、使用、加工、传输、提供、公开、删除等。

第五条　处理个人信息应当遵循合法、正当、必要和诚信原则，不得通过误导、欺诈、胁迫等方式处理个人信息。

第六条 处理个人信息应当具有明确、合理的目的，并应当与处理目的直接相关，采取对个人权益影响最小的方式。

收集个人信息，应当限于实现处理目的的最小范围，不得过度收集个人信息。

第七条 处理个人信息应当遵循公开、透明原则，公开个人信息处理规则，明示处理的目的、方式和范围。

第八条 处理个人信息应当保证个人信息的质量，避免因个人信息不准确、不完整对个人权益造成不利影响。

第九条 个人信息处理者应当对其个人信息处理活动负责，并采取必要措施保障所处理的个人信息的安全。

第十条 任何组织、个人不得非法收集、使用、加工、传输他人个人信息，不得非法买卖、提供或者公开他人个人信息；不得从事危害国家安全、公共利益的个人信息处理活动。

第十一条 国家建立健全个人信息保护制度，预防和惩治侵害个人信息权益的行为，加强个人信息保护宣传教育，推动形成政府、企业、相关社会组织、公众共同参与个人信息保护的良好环境。

第十二条 国家积极参与个人信息保护国际规则的制定，促进个人信息保护方面的国际交流与合作，推动与其他国家、地区、国际组织之间的个人信息保护规则、标准等互认。

第二章　个人信息处理规则

第一节　一 般 规 定

第十三条 符合下列情形之一的，个人信息处理者方可处理个人信息：

（一）取得个人的同意；

（二）为订立、履行个人作为一方当事人的合同所必需，或者按照依法制定的劳动规章制度和依法签订的集体合同实施人力资源管理所必需；

（三）为履行法定职责或者法定义务所必需；

（四）为应对突发公共卫生事件，或者紧急情况下为保护自然人的生命健康和财产安全所必需；

（五）为公共利益实施新闻报道、舆论监督等行为，在合理的范围内处理个人信息；

（六）依照本法规定在合理的范围内处理个人自行公开或者其他已经合法公开的个人信息；

（七）法律、行政法规规定的其他情形。

依照本法其他有关规定，处理个人信息应当取得个人同意，但是有前款第二项至第七项规定情形的，不需取得个人同意。

第十四条 基于个人同意处理个人信息的，该同意应当由个人在充分知情的前提下自愿、明确作出。法律、行政法规规定处理个人信息应当取得个人单独同意或者书面同意的，从其规定。

个人信息的处理目的、处理方式和处理的个人信息种类发生变更的，应当重新取得个人同意。

第十五条 基于个人同意处理个人信息的，个人有权撤回其同意。个人信息处理者应当提供便捷的撤回同意的方式。

个人撤回同意，不影响撤回前基于个人同意已进行的个人信息处理活动的效力。

第十六条 个人信息处理者不得以个人不同意处理其个人信息或者撤回同意为由，拒绝提供产品或者服务；处理个人信息属于提供产品或者服务所必需的除外。

第十七条 个人信息处理者在处理个人信息前，

应当以显著方式、清晰易懂的语言真实、准确、完整地向个人告知下列事项：

（一）个人信息处理者的名称或者姓名和联系方式；

（二）个人信息的处理目的、处理方式，处理的个人信息种类、保存期限；

（三）个人行使本法规定权利的方式和程序；

（四）法律、行政法规规定应当告知的其他事项。

前款规定事项发生变更的，应当将变更部分告知个人。

个人信息处理者通过制定个人信息处理规则的方式告知第一款规定事项的，处理规则应当公开，并且便于查阅和保存。

第十八条 个人信息处理者处理个人信息，有法律、行政法规规定应当保密或者不需要告知的情形的，可以不向个人告知前条第一款规定的事项。

紧急情况下为保护自然人的生命健康和财产安全无法及时向个人告知的，个人信息处理者应当在紧急情况消除后及时告知。

第十九条 除法律、行政法规另有规定外，个人信息的保存期限应当为实现处理目的所必要的最短时间。

第二十条 两个以上的个人信息处理者共同决定

个人信息的处理目的和处理方式的，应当约定各自的权利和义务。但是，该约定不影响个人向其中任何一个个人信息处理者要求行使本法规定的权利。

个人信息处理者共同处理个人信息，侵害个人信息权益造成损害的，应当依法承担连带责任。

第二十一条 个人信息处理者委托处理个人信息的，应当与受托人约定委托处理的目的、期限、处理方式、个人信息的种类、保护措施以及双方的权利和义务等，并对受托人的个人信息处理活动进行监督。

受托人应当按照约定处理个人信息，不得超出约定的处理目的、处理方式等处理个人信息；委托合同不生效、无效、被撤销或者终止的，受托人应当将个人信息返还个人信息处理者或者予以删除，不得保留。

未经个人信息处理者同意，受托人不得转委托他人处理个人信息。

第二十二条 个人信息处理者因合并、分立、解散、被宣告破产等原因需要转移个人信息的，应当向个人告知接收方的名称或者姓名和联系方式。接收方应当继续履行个人信息处理者的义务。接收方变更原先的处理目的、处理方式的，应当依照本法规定重新取得个人同意。

第二十三条 个人信息处理者向其他个人信息处

理者提供其处理的个人信息的，应当向个人告知接收方的名称或者姓名、联系方式、处理目的、处理方式和个人信息的种类，并取得个人的单独同意。接收方应当在上述处理目的、处理方式和个人信息的种类等范围内处理个人信息。接收方变更原先的处理目的、处理方式的，应当依照本法规定重新取得个人同意。

第二十四条 个人信息处理者利用个人信息进行自动化决策，应当保证决策的透明度和结果公平、公正，不得对个人在交易价格等交易条件上实行不合理的差别待遇。

通过自动化决策方式向个人进行信息推送、商业营销，应当同时提供不针对其个人特征的选项，或者向个人提供便捷的拒绝方式。

通过自动化决策方式作出对个人权益有重大影响的决定，个人有权要求个人信息处理者予以说明，并有权拒绝个人信息处理者仅通过自动化决策的方式作出决定。

第二十五条 个人信息处理者不得公开其处理的个人信息，取得个人单独同意的除外。

第二十六条 在公共场所安装图像采集、个人身份识别设备，应当为维护公共安全所必需，遵守国家有关规定，并设置显著的提示标识。所收集的个人图像、身份识别信息只能用于维护公共安全的目的，不得用于其他目的；取得个人单独同意的除外。

第二十七条 个人信息处理者可以在合理的范围内处理个人自行公开或者其他已经合法公开的个人信息；个人明确拒绝的除外。个人信息处理者处理已公开的个人信息，对个人权益有重大影响的，应当依照本法规定取得个人同意。

第二节 敏感个人信息的处理规则

第二十八条 敏感个人信息是一旦泄露或者非法使用，容易导致自然人的人格尊严受到侵害或者人身、财产安全受到危害的个人信息，包括生物识别、宗教信仰、特定身份、医疗健康、金融账户、行踪轨迹等信息，以及不满十四周岁未成年人的个人信息。

只有在具有特定的目的和充分的必要性，并采取严格保护措施的情形下，个人信息处理者方可处理敏感个人信息。

第二十九条 处理敏感个人信息应当取得个人的单独同意；法律、行政法规规定处理敏感个人信息应当取得书面同意的，从其规定。

第三十条 个人信息处理者处理敏感个人信息的，除本法第十七条第一款规定的事项外，还应当向个人告知处理敏感个人信息的必要性以及对个人权益的影响；依照本法规定可以不向个人告知的除外。

第三十一条 个人信息处理者处理不满十四周岁未成年人个人信息的，应当取得未成年人的父母或者其他监护人的同意。

个人信息处理者处理不满十四周岁未成年人个人信息的，应当制定专门的个人信息处理规则。

第三十二条 法律、行政法规对处理敏感个人信息规定应当取得相关行政许可或者作出其他限制的，从其规定。

第三节 国家机关处理个人信息的特别规定

第三十三条 国家机关处理个人信息的活动，适用本法；本节有特别规定的，适用本节规定。

第三十四条 国家机关为履行法定职责处理个人信息，应当依照法律、行政法规规定的权限、程序进行，不得超出履行法定职责所必需的范围和限度。

第三十五条 国家机关为履行法定职责处理个人信息，应当依照本法规定履行告知义务；有本法第十八条第一款规定的情形，或者告知将妨碍国家机关履行法定职责的除外。

第三十六条 国家机关处理的个人信息应当在中

华人民共和国境内存储；确需向境外提供的，应当进行安全评估。安全评估可以要求有关部门提供支持与协助。

第三十七条 法律、法规授权的具有管理公共事务职能的组织为履行法定职责处理个人信息，适用本法关于国家机关处理个人信息的规定。

第三章 个人信息跨境提供的规则

第三十八条 个人信息处理者因业务等需要，确需向中华人民共和国境外提供个人信息的，应当具备下列条件之一：

（一）依照本法第四十条的规定通过国家网信部门组织的安全评估；

（二）按照国家网信部门的规定经专业机构进行个人信息保护认证；

（三）按照国家网信部门制定的标准合同与境外接收方订立合同，约定双方的权利和义务；

（四）法律、行政法规或者国家网信部门规定的其他条件。

中华人民共和国缔结或者参加的国际条约、协定对向中华人民共和国境外提供个人信息的条件等有规定的，可以按照其规定执行。

个人信息处理者应当采取必要措施，保障境外接收方处理个人信息的活动达到本法规定的个人信息保护标准。

第三十九条 个人信息处理者向中华人民共和国境外提供个人信息的，应当向个人告知境外接收方的名称或者姓名、联系方式、处理目的、处理方式、个人信息的种类以及个人向境外接收方行使本法规定权利的方式和程序等事项，并取得个人的单独同意。

第四十条 关键信息基础设施运营者和处理个人信息达到国家网信部门规定数量的个人信息处理者，应当将在中华人民共和国境内收集和产生的个人信息存储在境内。确需向境外提供的，应当通过国家网信部门组织的安全评估；法律、行政法规和国家网信部门规定可以不进行安全评估的，从其规定。

第四十一条 中华人民共和国主管机关根据有关法律和中华人民共和国缔结或者参加的国际条约、协定，或者按照平等互惠原则，处理外国司法或者执法机构关于提供存储于境内个人信息的请求。非经中华人民共和国主管机关批准，个人信息处理者不得向外国司法或者执法机构提供存储于中华人民共和国境内的个人信息。

第四十二条　境外的组织、个人从事侵害中华人民共和国公民的个人信息权益，或者危害中华人民共和国国家安全、公共利益的个人信息处理活动的，国家网信部门可以将其列入限制或者禁止个人信息提供清单，予以公告，并采取限制或者禁止向其提供个人信息等措施。

第四十三条　任何国家或者地区在个人信息保护方面对中华人民共和国采取歧视性的禁止、限制或者其他类似措施的，中华人民共和国可以根据实际情况对该国家或者地区对等采取措施。

第四章　个人在个人信息处理活动中的权利

第四十四条　个人对其个人信息的处理享有知情权、决定权，有权限制或者拒绝他人对其个人信息进行处理；法律、行政法规另有规定的除外。

第四十五条　个人有权向个人信息处理者查阅、复制其个人信息；有本法第十八条第一款、第三十五条规定情形的除外。

个人请求查阅、复制其个人信息的，个人信息处理者应当及时提供。

个人请求将个人信息转移至其指定的个人信息处理者，符合国家网信部门规定条件的，个人信息处理者应当提供转移的途径。

第四十六条 个人发现其个人信息不准确或者不完整的，有权请求个人信息处理者更正、补充。

个人请求更正、补充其个人信息的，个人信息处理者应当对其个人信息予以核实，并及时更正、补充。

第四十七条 有下列情形之一的，个人信息处理者应当主动删除个人信息；个人信息处理者未删除的，个人有权请求删除：

（一）处理目的已实现、无法实现或者为实现处理目的不再必要；

（二）个人信息处理者停止提供产品或者服务，或者保存期限已届满；

（三）个人撤回同意；

（四）个人信息处理者违反法律、行政法规或者违反约定处理个人信息；

（五）法律、行政法规规定的其他情形。

法律、行政法规规定的保存期限未届满，或者删除个人信息从技术上难以实现的，个人信息处理者应当停止除存储和采取必要的安全保护措施之外的处理。

第四十八条 个人有权要求个人信息处理者对其

个人信息处理规则进行解释说明。

第四十九条 自然人死亡的，其近亲属为了自身的合法、正当利益，可以对死者的相关个人信息行使本章规定的查阅、复制、更正、删除等权利；死者生前另有安排的除外。

第五十条 个人信息处理者应当建立便捷的个人行使权利的申请受理和处理机制。拒绝个人行使权利的请求的，应当说明理由。

个人信息处理者拒绝个人行使权利的请求的，个人可以依法向人民法院提起诉讼。

第五章 个人信息处理者的义务

第五十一条 个人信息处理者应当根据个人信息的处理目的、处理方式、个人信息的种类以及对个人权益的影响、可能存在的安全风险等，采取下列措施确保个人信息处理活动符合法律、行政法规的规定，并防止未经授权的访问以及个人信息泄露、篡改、丢失：

（一）制定内部管理制度和操作规程；

（二）对个人信息实行分类管理；

（三）采取相应的加密、去标识化等安全技术措施；

（四）合理确定个人信息处理的操作权限，并定期对从业人员进行安全教育和培训；

（五）制定并组织实施个人信息安全事件应急预案；

（六）法律、行政法规规定的其他措施。

第五十二条 处理个人信息达到国家网信部门规定数量的个人信息处理者应当指定个人信息保护负责人，负责对个人信息处理活动以及采取的保护措施等进行监督。

个人信息处理者应当公开个人信息保护负责人的联系方式，并将个人信息保护负责人的姓名、联系方式等报送履行个人信息保护职责的部门。

第五十三条 本法第三条第二款规定的中华人民共和国境外的个人信息处理者，应当在中华人民共和国境内设立专门机构或者指定代表，负责处理个人信息保护相关事务，并将有关机构的名称或者代表的姓名、联系方式等报送履行个人信息保护职责的部门。

第五十四条 个人信息处理者应当定期对其处理个人信息遵守法律、行政法规的情况进行合规审计。

第五十五条 有下列情形之一的，个人信息处理者应当事前进行个人信息保护影响评估，并对处理情况进行记录：

（一）处理敏感个人信息；

（二）利用个人信息进行自动化决策；

（三）委托处理个人信息、向其他个人信息处理者提供个人信息、公开个人信息；

（四）向境外提供个人信息；

（五）其他对个人权益有重大影响的个人信息处理活动。

第五十六条 个人信息保护影响评估应当包括下列内容：

（一）个人信息的处理目的、处理方式等是否合法、正当、必要；

（二）对个人权益的影响及安全风险；

（三）所采取的保护措施是否合法、有效并与风险程度相适应。

个人信息保护影响评估报告和处理情况记录应当至少保存三年。

第五十七条 发生或者可能发生个人信息泄露、篡改、丢失的，个人信息处理者应当立即采取补救措施，并通知履行个人信息保护职责的部门和个人。通知应当包括下列事项：

（一）发生或者可能发生个人信息泄露、篡改、丢失的信息种类、原因和可能造成的危害；

（二）个人信息处理者采取的补救措施和个人可以采取的减轻危害的措施；

（三）个人信息处理者的联系方式。

个人信息处理者采取措施能够有效避免信息泄露、篡改、丢失造成危害的，个人信息处理者可以不通知个人；履行个人信息保护职责的部门认为可能造成危害的，有权要求个人信息处理者通知个人。

第五十八条　提供重要互联网平台服务、用户数量巨大、业务类型复杂的个人信息处理者，应当履行下列义务：

（一）按照国家规定建立健全个人信息保护合规制度体系，成立主要由外部成员组成的独立机构对个人信息保护情况进行监督；

（二）遵循公开、公平、公正的原则，制定平台规则，明确平台内产品或者服务提供者处理个人信息的规范和保护个人信息的义务；

（三）对严重违反法律、行政法规处理个人信息的平台内的产品或者服务提供者，停止提供服务；

（四）定期发布个人信息保护社会责任报告，接受社会监督。

第五十九条　接受委托处理个人信息的受托人，应当依照本法和有关法律、行政法规的规定，采取必要措施保障所处理的个人信息的安全，并协助个人信息处理者履行本法规定的义务。

第六章　履行个人信息保护职责的部门

第六十条　国家网信部门负责统筹协调个人信息保护工作和相关监督管理工作。国务院有关部门依照本法和有关法律、行政法规的规定，在各自职责范围内负责个人信息保护和监督管理工作。

县级以上地方人民政府有关部门的个人信息保护和监督管理职责，按照国家有关规定确定。

前两款规定的部门统称为履行个人信息保护职责的部门。

第六十一条　履行个人信息保护职责的部门履行下列个人信息保护职责：

（一）开展个人信息保护宣传教育，指导、监督个人信息处理者开展个人信息保护工作；

（二）接受、处理与个人信息保护有关的投诉、举报；

（三）组织对应用程序等个人信息保护情况进行测评，并公布测评结果；

（四）调查、处理违法个人信息处理活动；

（五）法律、行政法规规定的其他职责。

第六十二条　国家网信部门统筹协调有关部门依

据本法推进下列个人信息保护工作：

（一）制定个人信息保护具体规则、标准；

（二）针对小型个人信息处理者、处理敏感个人信息以及人脸识别、人工智能等新技术、新应用，制定专门的个人信息保护规则、标准；

（三）支持研究开发和推广应用安全、方便的电子身份认证技术，推进网络身份认证公共服务建设；

（四）推进个人信息保护社会化服务体系建设，支持有关机构开展个人信息保护评估、认证服务；

（五）完善个人信息保护投诉、举报工作机制。

第六十三条　履行个人信息保护职责的部门履行个人信息保护职责，可以采取下列措施：

（一）询问有关当事人，调查与个人信息处理活动有关的情况；

（二）查阅、复制当事人与个人信息处理活动有关的合同、记录、账簿以及其他有关资料；

（三）实施现场检查，对涉嫌违法的个人信息处理活动进行调查；

（四）检查与个人信息处理活动有关的设备、物品；对有证据证明是用于违法个人信息处理活动的设备、物品，向本部门主要负责人书面报告并经批准，可以查封或者扣押。

履行个人信息保护职责的部门依法履行职责，当事人应当予以协助、配合，不得拒绝、阻挠。

第六十四条 履行个人信息保护职责的部门在履行职责中，发现个人信息处理活动存在较大风险或者发生个人信息安全事件的，可以按照规定的权限和程序对该个人信息处理者的法定代表人或者主要负责人进行约谈，或者要求个人信息处理者委托专业机构对其个人信息处理活动进行合规审计。个人信息处理者应当按照要求采取措施，进行整改，消除隐患。

履行个人信息保护职责的部门在履行职责中，发现违法处理个人信息涉嫌犯罪的，应当及时移送公安机关依法处理。

第六十五条 任何组织、个人有权对违法个人信息处理活动向履行个人信息保护职责的部门进行投诉、举报。收到投诉、举报的部门应当依法及时处理，并将处理结果告知投诉、举报人。

履行个人信息保护职责的部门应当公布接受投诉、举报的联系方式。

第七章 法律责任

第六十六条 违反本法规定处理个人信息，或者处理个人信息未履行本法规定的个人信息保护义务的，由履行个人信息保护职责的部门责令改正，给予警告，没收违法所得，对违法处理个人信息的应用程序，责令暂停或者终止提供服务；拒不改正的，并处一百万元以下罚款；对直接负责的主管人员和其他直接责任人员处一万元以上十万元以下罚款。

有前款规定的违法行为，情节严重的，由省级以上履行个人信息保护职责的部门责令改正，没收违法所得，并处五千万元以下或者上一年度营业额百分之五以下罚款，并可以责令暂停相关业务或者停业整顿、通报有关主管部门吊销相关业务许可或者吊销营业执照；对直接负责的主管人员和其他直接责任人员处十万元以上一百万元以下罚款，并可以决定禁止其在一定期限内担任相关企业的董事、监事、高级管理人员和个人信息保护负责人。

第六十七条　有本法规定的违法行为的，依照有关法律、行政法规的规定记入信用档案，并予以公示。

第六十八条　国家机关不履行本法规定的个人信息保护义务的，由其上级机关或者履行个人信息保护职责的部门责令改正；对直接负责的主管人员和其他直接责任人员依法给予处分。

履行个人信息保护职责的部门的工作人员玩忽职

守、滥用职权、徇私舞弊，尚不构成犯罪的，依法给予处分。

第六十九条 处理个人信息侵害个人信息权益造成损害，个人信息处理者不能证明自己没有过错的，应当承担损害赔偿等侵权责任。

前款规定的损害赔偿责任按照个人因此受到的损失或者个人信息处理者因此获得的利益确定；个人因此受到的损失和个人信息处理者因此获得的利益难以确定的，根据实际情况确定赔偿数额。

第七十条 个人信息处理者违反本法规定处理个人信息，侵害众多个人的权益的，人民检察院、法律规定的消费者组织和由国家网信部门确定的组织可以依法向人民法院提起诉讼。

第七十一条 违反本法规定，构成违反治安管理行为的，依法给予治安管理处罚；构成犯罪的，依法追究刑事责任。

第八章 附 则

第七十二条 自然人因个人或者家庭事务处理个人信息的，不适用本法。

法律对各级人民政府及其有关部门组织实施的统

计、档案管理活动中的个人信息处理有规定的，适用其规定。

第七十三条 本法下列用语的含义：

（一）个人信息处理者，是指在个人信息处理活动中自主决定处理目的、处理方式的组织、个人。

（二）自动化决策，是指通过计算机程序自动分析、评估个人的行为习惯、兴趣爱好或者经济、健康、信用状况等，并进行决策的活动。

（三）去标识化，是指个人信息经过处理，使其在不借助额外信息的情况下无法识别特定自然人的过程。

（四）匿名化，是指个人信息经过处理无法识别特定自然人且不能复原的过程。

第七十四条 本法自 2021 年 11 月 1 日起施行。

网络数据安全管理条例

（2024年8月30日国务院第40次常务会议通过　2024年9月24日中华人民共和国国务院令第790号公布　自2025年1月1日起施行）

第一章　总　　则

第一条　为了规范网络数据处理活动，保障网络数据安全，促进网络数据依法合理有效利用，保护个人、组织的合法权益，维护国家安全和公共利益，根据《中华人民共和国网络安全法》、《中华人民共和国数据安全法》、《中华人民共和国个人信息保护法》等法律，制定本条例。

第二条　在中华人民共和国境内开展网络数据处理活动及其安全监督管理，适用本条例。

在中华人民共和国境外处理中华人民共和国境内自然人个人信息的活动，符合《中华人民共和国个人信息保护法》第三条第二款规定情形的，也适用本条例。

在中华人民共和国境外开展网络数据处理活动，损害中华人民共和国国家安全、公共利益或者公民、组织合法权益的，依法追究法律责任。

第三条 网络数据安全管理工作坚持中国共产党的领导，贯彻总体国家安全观，统筹促进网络数据开发利用与保障网络数据安全。

第四条 国家鼓励网络数据在各行业、各领域的创新应用，加强网络数据安全防护能力建设，支持网络数据相关技术、产品、服务创新，开展网络数据安全宣传教育和人才培养，促进网络数据开发利用和产业发展。

第五条 国家根据网络数据在经济社会发展中的重要程度，以及一旦遭到篡改、破坏、泄露或者非法获取、非法利用，对国家安全、公共利益或者个人、组织合法权益造成的危害程度，对网络数据实行分类分级保护。

第六条 国家积极参与网络数据安全相关国际规则和标准的制定，促进国际交流与合作。

第七条 国家支持相关行业组织按照章程，制定网络数据安全行为规范，加强行业自律，指导会员加强网络数据安全保护，提高网络数据安全保护水平，促进行业健康发展。

第二章　一般规定

第八条　任何个人、组织不得利用网络数据从事非法活动，不得从事窃取或者以其他非法方式获取网络数据、非法出售或者非法向他人提供网络数据等非法网络数据处理活动。

任何个人、组织不得提供专门用于从事前款非法活动的程序、工具；明知他人从事前款非法活动的，不得为其提供互联网接入、服务器托管、网络存储、通讯传输等技术支持，或者提供广告推广、支付结算等帮助。

第九条　网络数据处理者应当依照法律、行政法规的规定和国家标准的强制性要求，在网络安全等级保护的基础上，加强网络数据安全防护，建立健全网络数据安全管理制度，采取加密、备份、访问控制、安全认证等技术措施和其他必要措施，保护网络数据免遭篡改、破坏、泄露或者非法获取、非法利用，处置网络数据安全事件，防范针对和利用网络数据实施的违法犯罪活动，并对所处理网络数据的安全承担主体责任。

第十条　网络数据处理者提供的网络产品、服务应当符合相关国家标准的强制性要求；发现网络产品、服务存在安全缺陷、漏洞等风险时，应当立即采取补救措施，按照规定及时告知用户并向有关主管部门报告；涉及危害国家安全、公共利益的，网络数据处理者还应当在24小时内向有关主管部门报告。

第十一条 网络数据处理者应当建立健全网络数据安全事件应急预案，发生网络数据安全事件时，应当立即启动预案，采取措施防止危害扩大，消除安全隐患，并按照规定向有关主管部门报告。

网络数据安全事件对个人、组织合法权益造成危害的，网络数据处理者应当及时将安全事件和风险情况、危害后果、已经采取的补救措施等，以电话、短信、即时通信工具、电子邮件或者公告等方式通知利害关系人；法律、行政法规规定可以不通知的，从其规定。网络数据处理者在处置网络数据安全事件过程中发现涉嫌违法犯罪线索的，应当按照规定向公安机关、国家安全机关报案，并配合开展侦查、调查和处置工作。

第十二条 网络数据处理者向其他网络数据处理者提供、委托处理个人信息和重要数据的，应当通过合同等与网络数据接收方约定处理目的、方式、范围以及安全保护义务等，并对网络数据接收方履行义务的情况进行监督。向其他网络数据处理者提供、委托处理个人信息和重要数据的处理情况记录，应当至少保存3年。

网络数据接收方应当履行网络数据安全保护义务，并按照约定的目的、方式、范围等处理个人信息和重要数据。

两个以上的网络数据处理者共同决定个人信息和重要数据的处理目的和处理方式的，应当约定各自的权利和义务。

第十三条 网络数据处理者开展网络数据处理活动，影响或者可能影响国家安全的，应当按照国家有关规定进行国家安全审查。

第十四条 网络数据处理者因合并、分立、解散、破产等原因需要转移网络数据的，网络数据接收方应当继续履行网络数据安全保护义务。

第十五条 国家机关委托他人建设、运行、维护电子政务系统，存储、加工政务数据，应当按照国家有关规定经过严格的批准程序，明确受托方的网络数据处理权限、保护责任等，监督受托方履行网络数据安全保护义务。

第十六条 网络数据处理者为国家机关、关键信息基础设施运营者提供服务，或者参与其他公共基础设施、公共服务系统建设、运行、维护的，应当依照法律、法规的规定和合同约定履行网络数据安全保护义务，提供安全、稳定、持续的服务。

前款规定的网络数据处理者未经委托方同意，不得访问、获取、留存、使用、泄露或者向他人提供网络数据，不得对网络数据进行关联分析。

第十七条 为国家机关提供服务的信息系统应当参照电子政务系统的管理要求加强网络数据安全管理，保障网络数据安全。

第十八条 网络数据处理者使用自动化工具访问、收集网络数据，应当评估对网络服务带来的影响，不得非法侵入他人网络，不得干扰网络服务正常运行。

第十九条 提供生成式人工智能服务的网络数据处理者应当加强对训练数据和训练数据处理活动的安全管理，采取有效措施防范和处置网络数据安全风险。

第二十条 面向社会提供产品、服务的网络数据处理者应当接受社会监督，建立便捷的网络数据安全投诉、举报渠道，公布投诉、举报方式等信息，及时受理并处理网络数据安全投诉、举报。

第三章 个人信息保护

第二十一条 网络数据处理者在处理个人信息前，

通过制定个人信息处理规则的方式依法向个人告知的，个人信息处理规则应当集中公开展示、易于访问并置于醒目位置，内容明确具体、清晰易懂，包括但不限于下列内容：

（一）网络数据处理者的名称或者姓名和联系方式；

（二）处理个人信息的目的、方式、种类，处理敏感个人信息的必要性以及对个人权益的影响；

（三）个人信息保存期限和到期后的处理方式，保存期限难以确定的，应当明确保存期限的确定方法；

（四）个人查阅、复制、转移、更正、补充、删除、限制处理个人信息以及注销账号、撤回同意的方法和途径等。

网络数据处理者按照前款规定向个人告知收集和向其他网络数据处理者提供个人信息的目的、方式、种类以及网络数据接收方信息的，应当以清单等形式予以列明。网络数据处理者处理不满十四周岁未成年人个人信息的，还应当制定专门的个人信息处理规则。

第二十二条　网络数据处理者基于个人同意处理个人信息的，应当遵守下列规定：

（一）收集个人信息为提供产品或者服务所必需，不得超范围收集个人信息，不得通过误导、欺诈、胁迫等方式取得个人同意；

（二）处理生物识别、宗教信仰、特定身份、医疗健康、金融账户、行踪轨迹等敏感个人信息的，应当取得个人的单独同意；

（三）处理不满十四周岁未成年人个人信息的，应当取得未成年人的父母或者其他监护人的同意；

（四）不得超出个人同意的个人信息处理目的、方式、种类、保存期限处理个人信息；

（五）不得在个人明确表示不同意处理其个人信息后，频繁征求同意；

（六）个人信息的处理目的、方式、种类发生变更的，应当重新取得个人同意。

法律、行政法规规定处理敏感个人信息应当取得书面同意的，从其规定。

第二十三条 个人请求查阅、复制、更正、补充、删除、限制处理其个人信息，或者个人注销账号、撤回同意的，网络数据处理者应当及时受理，并提供便捷的支持个人行使权利的方法和途径，不得设置不合理条件限制个人的合理请求。

第二十四条 因使用自动化采集技术等无法避免采集到非必要个人信息或者未依法取得个人同意的个人信息，以及个人注销账号的，网络数据处理者应当删除个人信息或者进行匿名化处理。法律、行政法规规定的保存期限未届满，或者删除、匿名化处理个人信息从技术上难以实现的，网络数据处理者应当停止除存储和采取必要的安全保护措施之外的处理。

第二十五条 对符合下列条件的个人信息转移请求，网络数据处理者应当为个人指定的其他网络数据处理者访问、获取有关个人信息提供途径：

（一）能够验证请求人的真实身份；

（二）请求转移的是本人同意提供的或者基于合同收集的个人信息；

（三）转移个人信息具备技术可行性；

（四）转移个人信息不损害他人合法权益。

请求转移个人信息次数等明显超出合理范围的，网络数据处理者可以根据转移个人信息的成本收取必要费用。

第二十六条 中华人民共和国境外网络数据处理者处理境内自然人个人信息，依照《中华人民共和国个人信息保护法》第五十三条规定在境内设立专门机构或者指定代表的，应当将有关机构的名称或者代表的姓名、联系方式等报送所在地设区的市级网信部门；网信部门应当及时通报同级有关主管部门。

第二十七条 网络数据处理者应当定期自行或者

委托专业机构对其处理个人信息遵守法律、行政法规的情况进行合规审计。

第二十八条 网络数据处理者处理1000万人以上个人信息的，还应当遵守本条例第三十条、第三十二条对处理重要数据的网络数据处理者（以下简称重要数据的处理者）作出的规定。

第四章 重要数据安全

第二十九条 国家数据安全工作协调机制统筹协调有关部门制定重要数据目录，加强对重要数据的保护。各地区、各部门应当按照数据分类分级保护制度，确定本地区、本部门以及相关行业、领域的重要数据具体目录，对列入目录的网络数据进行重点保护。

网络数据处理者应当按照国家有关规定识别、申报重要数据。对确认为重要数据的，相关地区、部门应当及时向网络数据处理者告知或者公开发布。网络数据处理者应当履行网络数据安全保护责任。

国家鼓励网络数据处理者使用数据标签标识等技术和产品，提高重要数据安全管理水平。

第三十条 重要数据的处理者应当明确网络数据安全负责人和网络数据安全管理机构。网络数据安全管理机构应当履行下列网络数据安全保护责任：

（一）制定实施网络数据安全管理制度、操作规程和网络数据安全事件应急预案；

（二）定期组织开展网络数据安全风险监测、风险评估、应急演练、宣传教育培训等活动，及时处置网络数据安全风险和事件；

（三）受理并处理网络数据安全投诉、举报。

网络数据安全负责人应当具备网络数据安全专业知识和相关管理工作经历，由网络数据处理者管理层成员担任，有权直接向有关主管部门报告网络数据安全情况。

掌握有关主管部门规定的特定种类、规模的重要数据的网络数据处理者，应当对网络数据安全负责人和关键岗位的人员进行安全背景审查，加强相关人员培训。审查时，可以申请公安机关、国家安全机关协助。

第三十一条 重要数据的处理者提供、委托处理、共同处理重要数据前，应当进行风险评估，但是属于履行法定职责或者法定义务的除外。

风险评估应当重点评估下列内容：

（一）提供、委托处理、共同处理网络数据，以及网络数据接收方处理网络数据的目的、方式、范围等是否合法、正当、必要；

（二）提供、委托处理、共同处理的网络数据遭到篡改、破坏、泄露或者非法获取、非法利用的风险，以及对国家安全、公共利益或者个人、组织合法权益带来的风险；

（三）网络数据接收方的诚信、守法等情况；

（四）与网络数据接收方订立或者拟订立的相关合同中关于网络数据安全的要求能否有效约束网络数据接收方履行网络数据安全保护义务；

（五）采取或者拟采取的技术和管理措施等能否有效防范网络数据遭到篡改、破坏、泄露或者非法获取、非法利用等风险；

（六）有关主管部门规定的其他评估内容。

第三十二条　重要数据的处理者因合并、分立、解散、破产等可能影响重要数据安全的，应当采取措施保障网络数据安全，并向省级以上有关主管部门报告重要数据处置方案、接收方的名称或者姓名和联系方式等；主管部门不明确的，应当向省级以上数据安全工作协调机制报告。

第三十三条　重要数据的处理者应当每年度对其网络数据处理活动开展风险评估，并向省级以上有关主管部门报送风险评估报告，有关主管部门应当及时通报同级网信部门、公安机关。

风险评估报告应当包括下列内容：

（一）网络数据处理者基本信息、网络数据安全管理机构信息、网络数据安全负责人姓名和联系方式等；

（二）处理重要数据的目的、种类、数量、方式、范围、存储期限、存储地点等，开展网络数据处理活动的情况，不包括网络数据内容本身；

（三）网络数据安全管理制度及实施情况，加密、备份、标签标识、访问控制、安全认证等技术措施和其他必要措施及其有效性；

（四）发现的网络数据安全风险，发生的网络数据安全事件及处置情况；

（五）提供、委托处理、共同处理重要数据的风险评估情况；

（六）网络数据出境情况；

（七）有关主管部门规定的其他报告内容。

处理重要数据的大型网络平台服务提供者报送的风险评估报告，除包括前款规定的内容外，还应当充分说明关键业务和供应链网络数据安全等情况。

重要数据的处理者存在可能危害国家安全的重要数据处理活动的，省级以上有关主管部门应当责令其采取整改或者停止处理重要数据等措施。重要数据的处理者应当按照有关要求立即采取措施。

第五章　网络数据跨境安全管理

第三十四条　国家网信部门统筹协调有关部门建立国家数据出境安全管理专项工作机制，研究制定国家网络数据出境安全管理相关政策，协调处理网络数据出境安全重大事项。

第三十五条　符合下列条件之一的，网络数据处理者可以向境外提供个人信息：

（一）通过国家网信部门组织的数据出境安全评估；

（二）按照国家网信部门的规定经专业机构进行个人信息保护认证；

（三）符合国家网信部门制定的关于个人信息出境标准合同的规定；

（四）为订立、履行个人作为一方当事人的合同，确需向境外提供个人信息；

（五）按照依法制定的劳动规章制度和依法签订的集体合同实施跨境人力资源管理，确需向境外提供员工个人信息；

（六）为履行法定职责或者法定义务，确需向境外提供个人信息；

（七）紧急情况下为保护自然人的生命健康和财产安全，确需向境外提供个人信息；

（八）法律、行政法规或者国家网信部门规定的其他条件。

第三十六条 中华人民共和国缔结或者参加的国际条约、协定对向中华人民共和国境外提供个人信息的条件等有规定的，可以按照其规定执行。

第三十七条 网络数据处理者在中华人民共和国境内运营中收集和产生的重要数据确需向境外提供的，应当通过国家网信部门组织的数据出境安全评估。网络数据处理者按照国家有关规定识别、申报重要数据，但未被相关地区、部门告知或者公开发布为重要数据的，不需要将其作为重要数据申报数据出境安全评估。

第三十八条 通过数据出境安全评估后，网络数据处理者向境外提供个人信息和重要数据的，不得超出评估时明确的数据出境目的、方式、范围和种类、规模等。

第三十九条 国家采取措施，防范、处置网络数据跨境安全风险和威胁。任何个人、组织不得提供专门用于破坏、避开技术措施的程序、工具等；明知他人从事破坏、避开技术措施等活动的，不得为其提供技术支持或者帮助。

第六章　网络平台服务提供者义务

第四十条　网络平台服务提供者应当通过平台规则或者合同等明确接入其平台的第三方产品和服务提供者的网络数据安全保护义务，督促第三方产品和服务提供者加强网络数据安全管理。

预装应用程序的智能终端等设备生产者，适用前款规定。

第三方产品和服务提供者违反法律、行政法规的规定或者平台规则、合同约定开展网络数据处理活动，对用户造成损害的，网络平台服务提供者、第三方产品和服务提供者、预装应用程序的智能终端等设备生产者应当依法承担相应责任。

国家鼓励保险公司开发网络数据损害赔偿责任险种，鼓励网络平台服务提供者、预装应用程序的智能终端等设备生产者投保。

第四十一条　提供应用程序分发服务的网络平台服务提供者，应当建立应用程序核验规则并开展网络数据安全相关核验。发现待分发或者已分发的应用程序不符合法律、行政法规的规定或者国家标准的强制性要求的，应当采取警示、不予分发、暂停分发或者终止分发等措施。

第四十二条 网络平台服务提供者通过自动化决策方式向个人进行信息推送的，应当设置易于理解、便于访问和操作的个性化推荐关闭选项，为用户提供拒绝接收推送信息、删除针对其个人特征的用户标签等功能。

第四十三条 国家推进网络身份认证公共服务建设，按照政府引导、用户自愿原则进行推广应用。

鼓励网络平台服务提供者支持用户使用国家网络身份认证公共服务登记、核验真实身份信息。

第四十四条 大型网络平台服务提供者应当每年度发布个人信息保护社会责任报告，报告内容包括但不限于个人信息保护措施和成效、个人行使权利的申请受理情况、主要由外部成员组成的个人信息保护监督机构履行职责情况等。

第四十五条 大型网络平台服务提供者跨境提供网络数据，应当遵守国家数据跨境安全管理要求，健全相关技术和管理措施，防范网络数据跨境安全风险。

第四十六条 大型网络平台服务提供者不得利用网络数据、算法以及平台规则等从事下列活动：

（一）通过误导、欺诈、胁迫等方式处理用户在平台上产生的网络数据；

（二）无正当理由限制用户访问、使用其在平台上产生的网络数据；

（三）对用户实施不合理的差别待遇，损害用户合法权益；

（四）法律、行政法规禁止的其他活动。

第七章　监督管理

第四十七条　国家网信部门负责统筹协调网络数据安全和相关监督管理工作。

公安机关、国家安全机关依照有关法律、行政法规和本条例的规定，在各自职责范围内承担网络数据安全监督管理职责，依法防范和打击危害网络数据安全的违法犯罪活动。

国家数据管理部门在具体承担数据管理工作中履行相应的网络数据安全职责。

各地区、各部门对本地区、本部门工作中收集和产生的网络数据及网络数据安全负责。

第四十八条　各有关主管部门承担本行业、本领域网络数据安全监督管理职责，应当明确本行业、本领域网络数据安全保护工作机构，统筹制定并组织实施本行业、本领域网络数据安全事件应急预案，定期组织开展本行业、本领域网络数据安全风险评估，对网络数据处理者履行网络数据安全保护义务情况进行监督检查，指导督促网络数据处理者及时对存在的风险隐患进行整改。

第四十九条 国家网信部门统筹协调有关主管部门及时汇总、研判、共享、发布网络数据安全风险相关信息，加强网络数据安全信息共享、网络数据安全风险和威胁监测预警以及网络数据安全事件应急处置工作。

第五十条 有关主管部门可以采取下列措施对网络数据安全进行监督检查：

（一）要求网络数据处理者及其相关人员就监督检查事项作出说明；

（二）查阅、复制与网络数据安全有关的文件、记录；

（三）检查网络数据安全措施运行情况；

（四）检查与网络数据处理活动有关的设备、物品；

（五）法律、行政法规规定的其他必要措施。

网络数据处理者应当对有关主管部门依法开展的网络数据安全监督检查予以配合。

第五十一条 有关主管部门开展网络数据安全监督检查，应当客观公正，不得向被检查单位收取费用。

有关主管部门在网络数据安全监督检查中不得访

问、收集与网络数据安全无关的业务信息，获取的信息只能用于维护网络数据安全的需要，不得用于其他用途。

有关主管部门发现网络数据处理者的网络数据处理活动存在较大安全风险的，可以按照规定的权限和程序要求网络数据处理者暂停相关服务、修改平台规则、完善技术措施等，消除网络数据安全隐患。

第五十二条 有关主管部门在开展网络数据安全监督检查时，应当加强协同配合、信息沟通，合理确定检查频次和检查方式，避免不必要的检查和交叉重复检查。

个人信息保护合规审计、重要数据风险评估、重要数据出境安全评估等应当加强衔接，避免重复评估、审计。重要数据风险评估和网络安全等级测评的内容重合的，相关结果可以互相采信。

第五十三条 有关主管部门及其工作人员对在履行职责中知悉的个人隐私、个人信息、商业秘密、保密商务信息等网络数据应当依法予以保密，不得泄露或者非法向他人提供。

第五十四条 境外的组织、个人从事危害中华人民共和国国家安全、公共利益，或者侵害中华人民共和国公民的个人信息权益的网络数据处理活动的，国家网信部门会同有关主管部门可以依法采取相应的必要措施。

第八章　法 律 责 任

第五十五条　违反本条例第十二条、第十六条至第二十条、第二十二条、第四十条第一款和第二款、第四十一条、第四十二条规定的，由网信、电信、公安等主管部门依据各自职责责令改正，给予警告，没收违法所得；拒不改正或者情节严重的，处 100 万元以下罚款，并可以责令暂停相关业务、停业整顿、吊销相关业务许可证或者吊销营业执照，对直接负责的主管人员和其他直接责任人员可以处 1 万元以上 10 万元以下罚款。

第五十六条　违反本条例第十三条规定的，由网信、电信、公安、国家安全等主管部门依据各自职责责令改正，给予警告，可以并处 10 万元以上 100 万元以下罚款，对直接负责的主管人员和其他直接责任人员可以处 1 万元以上 10 万元以下罚款；拒不改正或者情节严重的，处 100 万元以上 1000 万元以下罚款，并可以责令暂停相关业务、停业整顿、吊销相关业务许可证或者吊销营业执照，对直接负责的主管人员和其他直接责任人员处 10 万元以上 100 万元以下罚款。

第五十七条 违反本条例第二十九条第二款、第三十条第二款和第三款、第三十一条、第三十二条规定的，由网信、电信、公安等主管部门依据各自职责责令改正，给予警告，可以并处 5 万元以上 50 万元以下罚款，对直接负责的主管人员和其他直接责任人员可以处 1 万元以上 10 万元以下罚款；拒不改正或者造成大量数据泄露等严重后果的，处 50 万元以上 200 万元以下罚款，并可以责令暂停相关业务、停业整顿、吊销相关业务许可证或者吊销营业执照，对直接负责的主管人员和其他直接责任人员处 5 万元以上 20 万元以下罚款。

第五十八条 违反本条例其他有关规定的，由有关主管部门依照《中华人民共和国网络安全法》、《中华人民共和国数据安全法》、《中华人民共和国个人信息保护法》等法律的有关规定追究法律责任。

第五十九条 网络数据处理者存在主动消除或者减轻违法行为危害后果、违法行为轻微并及时改正且没有造成危害后果或者初次违法且危害后果轻微并及时改正等情形的，依照《中华人民共和国行政处罚法》的规定从轻、减轻或者不予行政处罚。

第六十条 国家机关不履行本条例规定的网络数

据安全保护义务的，由其上级机关或者有关主管部门责令改正；对直接负责的主管人员和其他直接责任人员依法给予处分。

第六十一条 违反本条例规定，给他人造成损害的，依法承担民事责任；构成违反治安管理行为的，依法给予治安管理处罚；构成犯罪的，依法追究刑事责任。

第九章 附 则

第六十二条 本条例下列用语的含义：

（一）网络数据，是指通过网络处理和产生的各种电子数据。

（二）网络数据处理活动，是指网络数据的收集、存储、使用、加工、传输、提供、公开、删除等活动。

（三）网络数据处理者，是指在网络数据处理活动中自主决定处理目的和处理方式的个人、组织。

（四）重要数据，是指特定领域、特定群体、特定区域或者达到一定精度和规模，一旦遭到篡改、破坏、泄露或者非法获取、非法利用，可能直接危害国家安全、经济运行、社会稳定、公共健康和安全的数据。

（五）委托处理，是指网络数据处理者委托个人、组织按照约定的目的和方式开展的网络数据处理活动。

（六）共同处理，是指两个以上的网络数据处理者共同决定网络数据的处理目的和处理方式的网络数据处理活动。

（七）单独同意，是指个人针对其个人信息进行特定处理而专门作出具体、明确的同意。

（八）大型网络平台，是指注册用户 5000 万以上或者月活跃用户 1000 万以上，业务类型复杂，网络数据处理活动对国家安全、经济运行、国计民生等具有重要影响的网络平台。

第六十三条 开展核心数据的网络数据处理活动，按照国家有关规定执行。

自然人因个人或者家庭事务处理个人信息的，不适用本条例。

开展涉及国家秘密、工作秘密的网络数据处理活动，适用《中华人民共和国保守国家秘密法》等法律、行政法规的规定。

第六十四条 本条例自 2025 年 1 月 1 日起施行。

个人信息保护合规审计管理办法

（2025年2月12日国家互联网信息办公室令第18号公布　自2025年5月1日起施行）

第一条　为了规范个人信息保护合规审计活动，保护个人信息权益，根据《中华人民共和国个人信息保护法》、《网络数据安全管理条例》等法律、行政法规，制定本办法。

第二条　在中华人民共和国境内开展个人信息保护合规审计，适用本办法。

本办法所称个人信息保护合规审计，是指对个人信息处理者的个人信息处理活动是否遵守法律、行政法规的情况进行审查和评价的监督活动。

第三条　个人信息处理者自行开展个人信息保护合规审计的，应当由个人信息处理者内部机构或者委托专业机构定期对其处理个人信息遵守法律、行政法规的情况进行合规审计。

第四条　处理超过1000万人个人信息的个人信息处理者，应当每两年至少开展一次个人信息保护合规审计。

第五条 个人信息处理者有以下情形之一的，国家网信部门和其他履行个人信息保护职责的部门（以下统称为保护部门），可以要求个人信息处理者委托专业机构对个人信息处理活动进行合规审计：

（一）发现个人信息处理活动存在严重影响个人权益或者严重缺乏安全措施等较大风险的；

（二）个人信息处理活动可能侵害众多个人的权益的；

（三）发生个人信息安全事件，导致 100 万人以上个人信息或者 10 万人以上敏感个人信息泄露、篡改、丢失、毁损的。

对同一个人信息安全事件或者风险，不得重复要求个人信息处理者委托专业机构开展个人信息保护合规审计。

第六条 个人信息处理者自行开展或者按照保护部门要求委托专业机构开展个人信息保护合规审计的，应当参照本办法附件《个人信息保护合规审计指引》。

第七条 专业机构应当具备开展个人信息保护合规审计的能力，有与服务相适应的审计人员、场所、设施和资金等。

鼓励相关专业机构通过认证。专业机构的认证按照《中华人民共和国认证认可条例》的有关规定执行。

第八条 个人信息处理者按照保护部门要求开展个人信息保护合规审计的，应当为专业机构正常开展个人信息保护合规审计工作提供必要支持，并承担审计费用。

第九条 个人信息处理者按照保护部门要求开展个人信息保护合规审计的，应当按照保护部门要求选定专业机构，在限定时间内完成个人信息保护合规审计；情况复杂的，报保护部门批准后，可以适当延长。

第十条 个人信息处理者按照保护部门要求开展个人信息保护合规审计的，在完成合规审计后，应当将专业机构出具的个人信息保护合规审计报告报送保护部门。

个人信息保护合规审计报告应当由专业机构主要负责人、合规审计负责人签字并加盖专业机构公章。

第十一条 个人信息处理者按照保护部门要求开展个人信息保护合规审计的，应当按照保护部门要求对合规审计中发现的问题进行整改。在整改完成后 15 个工作日内，向保护部门报送整改情况报告。

第十二条 处理 100 万人以上个人信息的个人信息处理者应当指定个人信息保护负责人，负责个人信息处理者的个人信息保护合规审计工作。

提供重要互联网平台服务、用户数量巨大、业务类型复杂的个人信息处理者，应当成立主要由外部成员组成的独立机构对个人信息保护合规审计情况进行监督。

第十三条 专业机构在从事个人信息保护合规审计活动时，应当遵守法律法规，诚信正直，公正客观地作出合规审计职业判断，对在履行个人信息保护合规审计职责中获得的个人信息、商业秘密、保密商务信息等应当依法予以保密，不得泄露或者非法向他人提供，在合规审计工作结束后及时删除相关信息。

第十四条 专业机构不得转委托其他机构开展个人信息保护合规审计。

第十五条 同一专业机构及其关联机构、同一合规审计负责人不得连续三次以上对同一审计对象开展个人信息保护合规审计。

第十六条 保护部门对个人信息处理者开展个人信息保护合规审计情况进行监督检查。

第十七条 任何组织、个人有权对个人信息保护合规审计中的违法活动向保护部门进行投诉、举报。收到投诉、举报的部门应当依法及时处理，并将处理结果告知投诉、举报人。

第十八条 个人信息处理者、专业机构违反本办法规定的，依照《中华人民共和国个人信息保护法》、《网络数据安全管理条例》等法律法规的规定处理；构成犯罪的，依法追究刑事责任。

第十九条 对国家机关和法律、法规授权的具有管理公共事务职能的组织的个人信息保护合规审计，不适用本办法。

第二十条 本办法自 2025 年 5 月 1 日起施行。

附件

个人信息保护合规审计指引

一、本指引根据《中华人民共和国个人信息保护法》、《网络数据安全管理条例》等法律、行政法规制定。

二、对个人信息处理活动的合法性基础进行合规审计的，应当重点审查下列事项：

（一）基于个人同意处理个人信息的，是否取得个人同意，该同意是否由个人在充分知情的前提下自愿、明确作出；

（二）基于个人同意处理个人信息的，个人信息的处理目的、处理方式、处理的个人信息种类发生变更的，是否重新取得个人同意；

（三）基于个人同意处理个人信息的，是否依照法律、行政法规取得个人单独同意或者书面同意；

（四）处理个人信息未取得个人同意的，是否属于法律、行政法规规定不需要取得个人同意的情形。

三、对个人信息处理规则进行合规审计的，应当重点审查下列事项：

（一）是否真实、准确、完整地告知个人信息处理者的名称或者姓名和联系方式；

（二）是否以清单等便于查看的形式列明所收集的个人信息及其处理方式和种类；

（三）是否与处理目的直接相关，采取对个人权益影响最小的方式；

（四）是否明确个人信息保存期限或者保存期限的确定方法、到期后的处理方式，以及确定保存期限为实现处理目的所必要的最短时间；

（五）是否明确个人查阅、复制、转移、更正、补充、删除、限制处理个人信息以及注销账号、撤回同意的途径和方法。

四、对个人信息处理者履行告知个人信息处理规则义务进行合规审计的，应当重点审查下列事项：

（一）个人信息处理者在处理个人信息前，是否以显著方式、清晰易懂的语言真实、准确、完整地向个人告知个人信息处理规则；

（二）告知文本的大小、字体和颜色是否便于个人完整阅读告知事项；

（三）线下告知是否通过标注、说明等多种方式向个人履行告知义务；

（四）在线告知是否提供文本信息或者通过适当方式向个人履行告知义务；

（五）个人信息处理规则发生变更的，是否将变更内容及时告知个人；

（六）处理个人信息不需要告知的，是否属于法律、行政法规规定应当保密或者不需要告知的情形。

五、对个人信息处理者与其他个人信息处理者共同处理个人信息进行合规审计的，应当重点审查下列事项：

（一）是否约定各自的权利义务；

（二）个人信息权益保护机制；

（三）个人信息安全事件报告机制；

（四）其他法律、行政法规规定需要约定的权利和义务。

六、对个人信息处理者委托处理个人信息进行合规审计的，应当重点审查下列事项：

（一）个人信息处理者在委托处理个人信息前，是否开展个人信息保护影响评估；

（二）个人信息处理者与受托人签订的合同，是否与受托人约定了委托处理的目的、期限、方式、个人信息的种类、保护措施以及双方的权利义务等；

（三）个人信息处理者是否采取定期检查等方式，对受托人的个人信息处理活动进行监督。

七、个人信息处理者存在因合并、重组、分立、解散、被宣告破产等原因需要转移个人信息情形的，应当重点审查个人信息处理者是否向个人告知接收方的名称或者姓名和联系方式。

八、对个人信息处理者向其他个人信息处理者提供其处理的个人信息进行合规审计的，应当重点审查下列事项：

（一）基于个人同意处理个人信息的，是否取得个人的单独同意；

（二）是否向个人告知接收方的名称或者姓名、联系方式、处理目的、处理方式和个人信息的种类，法律、行政法规规定应当保密或者不需要告知的除外；

（三）是否事前进行个人信息保护影响评估。

九、对个人信息处理者利用自动化决策处理个人信息进行合规审计的，应当重点审查下列事项：

（一）自动化决策的透明度，以及自动化决策的结果是否公平、公正；

（二）是否事前告知个人自动化决策处理个人信息的种类及可能带来的影响；

（三）是否事前进行个人信息保护影响评估；

（四）是否向用户提供保障机制，以便个人通过便捷方式拒绝通过自动化决策方式作出对个人权益有重大影响的决定，并要求个人信息处理者就通过自动化决策方式作出对用户个人权益有重大影响的决定予以说明；

（五）向个人进行信息推送、商业营销的，是否同时提供不针对个人特征的选项，或者提供便捷的拒绝自动化决策服务的方式；

（六）是否采取了有效措施，防止自动化决策根据消费者的偏好、交易习惯等对个人在交易条件上实行不合理的差别待遇；

（七）其他可能影响自动化决策的透明度和结果公平、公正的事项。

十、对个人信息处理者基于个人同意公开个人信息进行合规审计的，应当重点审查下列事项：

（一）个人信息处理者公开其处理的个人信息前是否取得个人单独同意，该授权是否真实、有效，是否存在违背个人意愿将个人信息予以公开的情况；

（二）个人信息处理者公开个人信息前，是否进行个人信息保护影响评估。

十一、个人信息处理者在公共场所安装图像收集、个人身份识别设备的，应当重点对其安装图像收集、个人信息身份识别设备的合法性及所收集个人信息的用途进行审查。审查内容包括但不限于：

（一）是否为维护公共安全所必需，是否为商业目的处理所收集的个人信息；

（二）是否设置了显著的提示标识；

（三）个人信息处理者所收集的个人图像、身份识别信息用于维护公共安全以外用途的，是否取得个人单独同意。

十二、对个人信息处理者处理已公开的个人信息进行合规审计的，应当重点审查个人信息处理者是否存在下列违法违规行为：

（一）向已公开个人信息中的电子邮箱、手机号等发送与其公开目的无关的商业信息；

（二）利用已公开的个人信息从事网络暴力、传播网络谣言和虚假信息等活动；

（三）处理个人明确拒绝处理的已公开个人信息；

（四）对个人权益有重大影响，未取得个人同意；

（五）收集、留存或处理已公开个人信息的规模、时间或使用目的超出合理范围。

十三、对个人信息处理者处理敏感个人信息进行合规审计的，应当重点审查下列事项：

（一）基于个人同意处理个人信息的，处理生物识别、宗教信仰、特定身份、医疗健康、金融账户、行踪轨迹等敏感个人信息，是否事前取得个人的单独同意；

（二）基于个人同意处理个人信息的，处理不满十四周岁未成年人的个人信息，是否事前取得未成年人的父母或者其他监护人的同意；

（三）处理敏感个人信息的目的、方式、范围是否合法、正当、必要；

（四）是否在事前进行个人信息保护影响评估；

（五）是否向个人告知处理敏感个人信息的必要性以及对个人权益的影响，法律、行政法规规定应当保密或者不需要告知的除外；

（六）法律、行政法规规定应当取得书面同意的，是否取得书面同意；

（七）是否遵守法律、行政法规对处理敏感个人信息的限制性规定。

十四、对个人信息处理者处理不满十四周岁未成年人个人信息进行合规审计的，应当重点审查下列事项：

（一）是否制定专门的个人信息处理规则；

（二）是否向未成年人及其监护人告知未成年人个人信息的处理目的、处理方式、处理必要性，以及处理个人信息的种类、所采取的保护措施等，法律、行政法规规定不需要告知的除外；

（三）基于个人同意处理个人信息，是否存在强制要求未成年人或者其监护人同意处理非必要个人信息的行为。

十五、对个人信息处理者向境外提供个人信息进行合规审计的，应当重点审查下列事项：

（一）关键信息基础设施运营者向境外提供个人信息是否经过国家网信部门组织的安全评估，法律、行政法规、国家网信部门另有规定的，从其规定；

（二）关键信息基础设施运营者以外的数据处理者自当年 1 月 1 日起累计向境外提供 100 万人以上个人信息（不含敏感个人信息）或者 1 万人以上敏感个人信息是否经过国家网信部门组织的安全评估，法律、行政法规、国家网信部门另有规定的，从其规定；

（三）关键信息基础设施运营者以外的数据处理者自当年 1 月 1 日起累计向境外提供 10 万人以上、不满 100 万人个人信息（不含敏感个人信息）或者不满 1 万人敏感个人信息的，是否按照国家网信部门的规定，经个人信息保护认证或者按照国家网信部门制定的标准合同与境外接收方签订合同并向所在地省级网信部门备案，或者符合法律、行政法规、国家网信部门规定的其他条件；

（四）存在向外国司法或者执法机构提供存储于中华人民共和国境内个人信息情形的，是否经过中华人民共和国主管机关批准；

（五）是否向被列入限制或者禁止个人信息提供清单的组织和个人提供个人信息。

十六、对个人信息删除权保障情况进行合规审计的，应当重点审查下列事项：

（一）个人信息处理目的是否已实现、无法实现或者为实现处理目的不再必要；

（二）个人信息处理者是否停止提供产品或者服务，或者个人是否已注销账号；

（三）保存期限是否已届满；

（四）个人是否撤回同意；

（五）个人信息处理者是否违反法律、行政法规或者违反约定处理个人信息；

（六）应当删除个人信息，但法律、行政法规规定的保存期限未届满，或者删除个人信息从技术上难以实现的，个人信息处理者是否停止除存储和采取必要的安全措施之外的处理。

十七、对个人信息处理者保障个人在个人信息处理活动中的权利情况进行合规审计的，应当重点审查下列事项：

（一）是否建立便捷的个人行使权利的申请受理机制和处理机制；

（二）是否及时响应个人行使权利的申请，是否及时、完整、准确告知处理意见或者执行结果；

（三）拒绝个人行使权利请求的，是否向个人说明理由。

十八、个人信息处理者应当响应个人申请，对其个人信息处理规则进行解释说明，合规审计时应当重点对下列内容进行评价：

（一）个人信息处理者是否提供便捷的方式和途径，接受、处理个人关于个人信息处理规则解释说明的要求；

（二）接到个人的要求后，个人信息处理者是否在合理的时间内，使用通俗易懂的语言对其个人信息处理规则作出解释说明。

十九、个人信息处理者应当依照法律、行政法规的规定制定内部管理制度和操作规程，明确组织架构、岗位职责，建立工作流程、完善内控制度，保障个人信息处理合规与安全。合规审计时，应当重点对个人信息处理者个人信息保护内部管理制度和操作规程进行审查，包括但不限于：

（一）个人信息保护工作的方针、目标、原则是否符合法律、行政法规规定；

（二）个人信息保护组织架构、人员配备、行为规范、管理责任是否与应当履行的个人信息保护责任相适应；

（三）是否根据个人信息的种类、来源、敏感程度、用途等，对个人信息进行分类；

（四）是否建立个人信息安全事件应急响应机制；

（五）是否建立个人信息保护影响评估制度、合规审计制度；

（六）是否建立畅通的个人信息保护投诉举报受理流程；

（七）是否合理制定个人信息处理操作权限；

（八）是否制定实施个人信息保护安全教育和培训计划；

（九）是否建立个人信息保护负责人及相关人员履职评价制度；

（十）是否建立个人信息违法处理责任制度；

（十一）法律、行政法规规定的其他事项。

二十、个人信息处理者应当采取与所处理个人信息规模、类型相适应的安全技术措施，并对个人信息处理者采取的技术措施的有效性进行评价，评价内容包括但不限于：

（一）是否采取相应安全技术措施实现个人信息的保密性、完整性、可用性；

（二）是否采取加密、去标识化等安全技术措施，确保在不借助额外信息的情况下，消除或者降低个人信息的可识别性；

（三）采取的安全技术措施能否合理确定有关人员查阅、复制、传输个人信息等的操作权限，减少个人信息在处理过程中未经授权的访问和滥用风险。

二十一、对个人信息处理者教育培训计划的制定和实施情况进行合规审计时，应当重点对下列事项进行评价：

（一）是否按计划对管理人员、技术人员、操作人员、全员开展相应的安全教育和培训，是否对相应人员的个人信息保护意识和技能进行考核；

（二）培训内容、方式、对象、频率等能否满足个人信息保护需要。

二十二、对个人信息处理者指定的个人信息保护负责人履职情况进行合规审计的，应当重点审查下列事项：

（一）个人信息保护负责人是否具有相关的工作经历和专业知识，熟悉个人信息保护相关法律、行政法规；

（二）个人信息保护负责人是否具有明确清晰的职责，是否被赋予充分的权限协调个人信息处理者内部相关部门与人员；

（三）个人信息保护负责人在个人信息处理重大事项决策前是否有权提出相关意见和建议；

（四）个人信息保护负责人是否有权对个人信息处理者内部个人信息处理的不合规操作进行制止和采取必要的纠正措施；

（五）个人信息处理者是否公开个人信息保护负责人的联系方式，并将个人信息保护负责人的姓名、联系方式等报送保护部门。

二十三、对个人信息处理者开展个人信息保护影响评估情况进行合规审计时，应当重点对影响评估开展情况和评估内容进行审查：

（一）是否依照法律、行政法规的规定，在进行对个人权益具有重大影响的个人信息处理活动前进行个人信息保护影响评估；

（二）是否对个人信息的处理目的、处理方式等进行合法、正当、必要评估；

（三）是否对个人权益的影响及安全风险进行评估；

（四）是否对所采取的保护措施的合法性、有效性，以及与风险程度的适应性进行评估。

二十四、个人信息处理者应当制定个人信息安全事件应急预案。合规审计时，应当对应急预案的全面性、有效性、可执行性作出评价，包括但不限于下列内容：

（一）是否结合业务实际，对面临的个人信息安全风险作出系统评估和预测；

（二）总体要求、基本策略，组织机构、人员，技术、物资保障，指挥处置程序，应急和支持措施等是否足以应对预测的风险；

（三）是否对相关人员进行应急预案培训，定期对应急预案进行演练。

二十五、对个人信息处理者个人信息安全事件应急响应处置情况进行合规审计的，应当重点审查下列事项：

（一）是否按照应急预案、操作规程及时查明个人信息安全事件的影响、范围和可能造成的危害，分析、确定事件发生的原因，提出防止危害扩大的措施方案；

（二）是否建立通报渠道，在安全事件发生后按照相关规定及时通知保护部门和个人；

（三）是否采取相应措施将个人信息安全事件可能造成的损失和可能产生的危害风险降低到最小。

二十六、对提供重要互联网平台服务、用户数量巨大、业务类型复杂的个人信息处理者制定的平台规则进行合规审计的，应当重点审查下列事项：

（一）平台规则是否与法律、行政法规相抵触；

（二）平台规则个人信息保护条款的有效性，是否合理界定了平台、平台内产品或者服务提供者的个人信息保护权利和义务；

（三）平台规则的执行情况，是否通过抽样等方式验证平台规则被有效执行。

二十七、对提供重要互联网平台服务、用户数量巨大、业务类型复杂的个人信息处理者发布的个人信息保护社会责任报告进行合规审计的，应当重点审查社会责任报告披露下列内容的情况：

（一）个人信息保护组织架构和内部管理情况；

（二）个人信息保护能力建设情况；

（三）个人信息保护措施和成效；

（四）个人行使权利的申请受理情况；

（五）独立监督机构履职情况；

（六）重大个人信息安全事件处理情况；

（七）促进个人信息保护社会共治的科普宣传、公益活动情况；

（八）法律、行政法规规定的其他事项。